13 novembre 1886

N 1

15ᵉ Vente VIGNÈRES (N° 63)

ESTAMPES

ANCIENNES ET MODERNES

PORTRAITS ANGLAIS, A L'AQUATINTE

Grands Portraits modernes

NAPOLÉON Iᵉʳ ET SA FAMILLE

VENTE

HOTEL DROUOT — SALLE N° 4

Le Samedi 13 Novembre 1886

A UNE HEURE ET DEMIE

Mᵉ Maurice **DELESTRE**	**M. DUPONT** aîné
COMMISSᵉ-PRISEUR	MARCHAND D'ESTAMPES
Rue Drouot, n° 27	Rue de Seine, n° 21

PARIS — 1886

YD
1908
15

CATALOGUE

(N° 63)

—

ESTAMPES

ANCIENNES ET MODERNES]

PORTRAITS ANGLAIS A L'AQUATINTE

Grands Portraits modernes

NAPOLÉON Iᵉʳ ET SA FAMILLE

15ᵉ VENTE

Par suite du décès de M. VIGNÈRES

MARCHAND D'ESTAMPES

HOTEL DES COMMISSAIRES-PRISEURS

RUE DROUOT, 9, SALLE N° 4

Le Samedi 13 Novembre 1886

A UNE HEURE ET DEMIE

Par le ministère de **Mᵉ MAURICE DELESTRE,** Commissʳᵉ-Priseur,
rue Drouot, 27,

Assisté de **M. DUPONT aîné,** Marchand d'Estampes,
rue de Seine, 21.

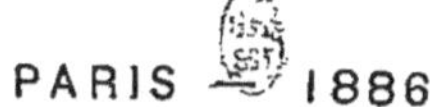

PARIS 1886

CONDITIONS DE LA VENTE

—

Elle sera faite au comptant.

Les Acquéreurs paieront CINQ POUR CENT, en sus des enchères, applicables aux frais.

Les numéros composés de plusieurs pièces ne seront pas divisés.

L'ordre du Catalogue sera suivi.

DÉSIGNATION

1 **Alix** et **Levachez**. Entrée solennelle de S. M.
Louis XVIII dans Paris, par la porte Saint-Denis, le
3 mai 1814. — Entrée des Puissances alliées dans
Paris, par la porte Saint-Martin, le 31 mars 1814.
2 p., très belles ép., toute marge.

2 **Ardell** (J. Mac-). Charlotte, reine de la Grande-
Bretagne, de profil, grand in-fol. Très belle ép.

3 — Georges, prince de Galles. — Le prince Edward.
— William Blakency. 3 p., belles ép.

4 **Audouin**. Napoléon le Grand, d'après Chatillon.
— Marie-Louise, d'après Bosio. 2 p., anciennes ép.

5 **Baillie** (W). Le duc de Monmouth à cheval. Très
belle ép. Rare.

6 **Beauvarlet** et L. **Cars**. — Mlle Clairon dans un
char, d'après Van Loo, gr. in-fol., très belle ép.

7 **Beisson** (Et.). Mirabeau en pied, d'après Boze.
2 ép. dont une avec l'adresse du graveur, toute
marge.

8 **Benoist**. Anagramme de Napoléon Ier et de Marie-
Louise, d'après Fragonard fils. 4 p. dont deux avant
la lettre.

9 **Bervic**. Le Serment. — La Déclaration, d'après
Fragonard. 2 p., belles ép.

10 — L'Innocence, d'après Mérimée. — Le Repos, d'a-
près Lepicié. 2 p. très belles ép.

11 **Blanchard**. Portrait de Murillo, d'après lui-même.
2 ép. dont une avant la lettre.

12 **Bléry** (Eug.). Fleurs et plantes, à l'usage des des-
sinateurs. 16 p. lithog.

13 **Bléry** (Eug.). Etudes de fleurs; guide industriel. Suite de 24 p. lithogr. sur papier teinté.

14 — Groupes de plantes variées dessinées sur nature et lithographiées. Suite de 12 p. sur papier de Chine.

15 — Voyage dans le Dauphiné et l'Auvergne. Suite de 24 vues lithogr. sur papier de Chine.

16 — Motifs de plantes lithog. 14 p.

17 **Bodmer** (Karl). Animaux et paysages gravés à l'eau-forte. 8 p. avant la lettre sur chine.

18 **Bonato** (P.) et autres. Sujets historiques du Pontificat de Pie VI. Suite de 20 p., très belles ép.

19 **Bracquemond**. Le Corbeau. — Les Taupes. 2 p. très belles ép. avant la lettre.

20 — Le Domino, d'après Baron. — Le verre en main gaiement je me confie...., d'après A. Lafond. 2 p., belles ép. avant la lettre, et une couverture gravée.

21 **Brown** (John Lévis). Le Comte de Chambord à cheval. Très belle ép. sur chine.

22 **Calamatta**. Le Masque de Napoléon. Belle ép. toute marge.

23 — La même estampe. Belle ép. toute marge.

24 — Masque de Napoléon, de profil. Très belle ép. sur papier teinté.

25 — Portrait de George Sand, in-fol. Belle ép. sur chine, toute marge.

26 **Calame** (A.). Paysages gravés à l'eau-forte. 6 p. et deux couvertures.

27 **Caronni** (P.). Eugène Napoléon, vice-roi d'Italie. — La princesse Augusta-Amélie de Bavière. 2 p. in-fol., belles ép.

28 — Les mêmes portraits. 2 p., belles ép. avant la lettre.

29 **Cazenave**. Bonaparte, premier consul, buste fort comme nature, d'après Le Barbier l'aîné. 2 ép. dont une à la sanguine, avant toutes lettres.

30 **Carjat**. Portraits-charges gravés sur·bois. 41 p.

31 **Chenay** (P.). Marie de Médicis, d'après Rubens. —
Portrait de Van Dyck. 3 fac-simile de dessins aux
crayons de couleur, dont deux avant la lettre.

32 — François Mazzuoli, dit le Parmesan, tenant son
chien. — Lucrèce, d'après le Parmesan. — Etude de
tête, d'après Léonard de Vinci. 7 fac-simile de dessins dont cinq avant la lettre.

33 **Coiny** (J.). La création d'Ève, d'après Michel-Ange. —
Ép. d'artiste sur papier de Chine.

34 **Copia**. Bonaparte, à cheval, couronné par la
Renommée. Ep. à l'eau-forte pure. Rare.

35 **Coqueret**. Portraits en pied des généraux Bonaparte, Beurnonville, Hoche, Moreau, Pichegru. 5 p.,
belles ép., toute marge.

36 **Corbutt** (Ph.). Charles, prince de Brunswick-Lune-
bourg. Très belle ép.

37 **Cousin** et L. **Massard**. — L'Immaculée-Concep-
tion, d'après Murillo. 2 p., dont une avant la lettre.

38 **Dawe** (P.). Le Jeune Ecossais, d'après J. Graham.
Très belle ép.

39 **Debucourt**. Napoléon Ier, à cheval. Gr. in-fol.
Superbe ép., marge.

40 **De Frey** (J.). La Leçon d'Anatomie. — Les Syndics.
Portraits et sujets divers, d'après Rembrandt et
autres. 18 p.

41 **Delaistre**. Raphaël et la Fornarine, d'après Devéria. Très belle ép. sur chine.

42 **Desmaisons** (E.). Portraits de la reine Victoria et
de personnages de la Cour d'Angleterre. 15 p.
lithog. in-fol., très belles ép.

43 **Desnoyers** (Boucher). Le Roi de Rome, d'après
Gérard. Très belle ép., toute marge.

44 —Charles-M. de Talleyrand-Périgord, d'après Gérard.
Très belle ép., avec cachet à deux têtes, toute
marge.

45 **Dessain.** Vues et sujets gravés à l'eau-forte. 13 p. sur papier de Chine.

46 **Devéria.** Portrait de Régnier, sociétaire du Théâtre-Français. Très belle ép. sur chine.

47 — Henri Herz. 2 portraits différents, grand in-fol,

48 **Duplessis-Bertaux.** La Fête de la Vieillesse. 2 ép., dont une avant la lettre.

49 **Earlom** (Rich.). A Lady reading, d'après F. Bol. Très belle ép.

50 — Lion dévorant un sanglier, d'après Snyders. Très belle ép. avant la lettre, toute marge.

51 **Faber** (J.). La comtesse d'Essex, en pied, d'après Kneller. Belle ép.

52 — Portraits gravés à l'aquatinte. 11 p., belles ép.

53 **Forster** (F.). Raphaël Sanzio, d'après lui-même, Le même personnage, à l'âge de 15 ans. 2 p., très belles ép.

54 **Fosséyeux.** Henri IV et Gabrielle d'Estrées, in-fol. Très belle ép. avant la lettre.

55 **Gole** (J.). Son portrait. — Le duc de Marlborough. — Louis XIV. — Charles, duc de Lorraine, etc. 5 p.

56 **Green** (V.). L'Assomption, d'après Murillo. Très belle ép. avant la lettre, toute marge.

57 — Portrait d'une jeune femme, d'après Calze. Belle ép.

58 **Grimm** (L.-E.). Sujets divers, gravés à l'eau-forte. 26 sujets sur quinze feuilles, très belles ép. sur papier de Chine.

59 **Gudin** (J.-B.). Marie-Louise, impératrice. 2 ép., dont une avant la lettre,

60 **Henriquel-Dupont.** Une dame et sa fille, d'après Van Dyck. Très belle épreuve, avant la lettre, sur chine, toute marge.

61 **Henriquel-Dupont**. Cromwel découvrant le cer-
cueil de Charles Ier, d'après Paul Delaroche, grand
in-fol. Epreuve du 1er état, à l'eau-forte pure. Très
rare.

62 — Portrait du père de M. Henriquel-Dupont, 1833.
Très belle ép.

63 — Ferdinand, duc d'Orléans, en buste. Très belle
ép., avant la lettre, sur chine.

64 — Le Brun, 3e consul, d'après Franque. Ep. d'artiste, toute marge.

65 — Portrait de Molière, en pied, d'après Ingres.
Très belle ép., toute marge.

66 — Portrait de Mme Pasta, in-fol. Ep. d'artiste avec
des essais dans la marge. Avec dédicace signée.

67 — La princesse Marie d'Orléans dessinant, d'après
Ary Scheffer. Très belle ép. d'artiste sur chine,
toute marge.

68 — Le marquis de Pastoret, d'après Paul Delaroche.
Eau-forte pure, toute marge.

69 — Le même portrait, superbe ép. d'artiste sur chine,
toute marge.

70 — Le même portrait. 2 ép. sur chine, dont une
d'artiste. les noms à la pointe.

71 — Grégoire XVI, d'après Paul Delaroche. — Hus-
sein-Pacha. 2 p.

72 — Costume pour le sacre de Napoléon. — Entête
avec les attributs de l'Agriculture. — Naufrage. 3 p.
épreuves d'artiste.

73 **Hills**. Animaux gravés à l'eau-forte. 146 p.

74 **Hodges** (C.). Le général Pichegru. Très belle ép.,
lettres tracées.

75 **Houston** (R.). Christian VII, roi de Danemarck.
John Byng, admiral of the Blue. — William Pitt. —
Miss Fordyce. — La Comtesse de Northumberland,
etc. 7 p., belles ép.

76 **Hudson** (H.). Rob. Roddame, vice-admiral of the Red, d'après Abbot. Très belle ép.

77 **Huet** (Paul). Paysages gravés à l'eau-forte. 3 p., très belles ép. sur papier de Chine.

78 **Later** (Jacq. de). Guillaume III, roi d'Angleterre, coiffé d'un chapeau. Belle ép.

79 **Laugier**. Mme de Staël, d'après Gérard. Belle ép., toute marge.

80 **Le Grand** (Aug.). L'Exemple dangereux. — La Grotte de l'Hymen, d'après Schall. 2 très belles ép. avant la lettre, toute marge.

81 **Legrip** (Fréd.). Portraits inédits d'artistes français, texte par Ph. de Chennevières. 4 livraisons contenant 24 p.

82 **Lely** (P.). La princesse d'Orange. 2 p., dont une avant toutes lettres.

83 **Le Roy** et **Coqueret**. Napoléon. — Marie-Louise. 2 p., très belles ép.

84 **Levachez**. Bonaparte, 1er consul. — Marie-Louise. 2 p. en couleur; la dernière est avant la lettre.

85 — Napoléon Bonaparte, en pied, d'après Robert Lefèvre. 2 ép., dont une en couleur.

86 **Lévêque** et **Vendramini**. Le duc de Wellington, en pied. 2 p., belles ép.

87 **Lévy** (G.). P.-J. de Béranger, d'après Sandoz, in-folio. Très belle ép.

88 **Lignon** (F.). Le pape Léon X, entre deux cardinaux, d'après Raphaël. Très belle ép., avant la lettre, sur chine, toute marge.

89 — Le Prince d'Orange, en pied, d'après Odevaère. 2 ép., dont une avant la lettre.

90 — Portrait de Talma, d'après Picot. Très belle ép. avant la lettre, toute marge.

91 — Le même portrait. Très belle ép.

92 **Lingée** (Mme).et **Prot**. L'Imitation de l'Antique.— — L'Admiration de l'Antique, d'après Dutailly. 2 p., belles ép.

93 **Llanta**. Le baron Desnoyers, graveur, Très belle ép. sur chine.

94 **Longhi** (J.). Bonaparte à la bataille d'Arcole. Belle ép., toute marge.

95 **Maile** (G.). Mlle Lundens, dite la femme au chapeau de paille, d'après Rubens, in-fol. Très belle ép. en couleur,

96 — Napoléon, fac-simile d'un dessin de Girodet-Trioson. 2 très belles ép., dont une avant la lettre.

97 **Marchand** (J.). Napoléon à cheval, d'après Chabord. Très belle ép.

98 **Marlet**. Portraits des chansonniers, membres du Caveau. 2 ép. différentes, et le trait explicatif.

99 **Marvy** (Louis). Paysages. 23 p.

100 **Massard** (Jean). Charles Ier, roi d'Angleterre, et sa famille, d'après Van Dyck. Très belle ép., marge.

101 **Metzmacher**. Victor-Emmanuel et personnages célèbres italiens. 5 p. avant la lettre sur chine.

102 **Moll** (Balth). La Famille de Marie-Antoinette, petits médaillons sur un arbre généalogique, in-fol. Très belle ép.

103 **Müller** (J.-G.). Jérôme-Napoléon, roi de Westphalie. Très belle ép.

104 — Portrait de Jean-Georges Wille, graveur, d'après Greuze. Belle ép.

105 **Müller** (H.-C.). Le marquis de Dreux-Brézé, d'après Guerin. Ép. d'artiste.

106 **Murphy** (John). Une vieille Femme avec un Enfant, d'après le Titien. Très belle ép. avant la lettre.

107 **Nardini**. Simon Sismondi. in-fol. Très belle ép. Rare.

108 **Pigeot**. Piron à la porte d'Auteuil, d'après Mlle Ribaut. Ép. avant toutes lettres.

109 **Pollet**. Portrait du marquis d'Héricourt. Ép. d'essai sur papier de chine, signée.

110 **Potrelle**. L'Amour et Psyché, d'après L. David. Belle ép.

111 **Pradier** (J.-C.). Le Maréchal Regnault de Saint-Jean-d'Angély, en pied, d'après Gérard. Ép. avant la lettre.

112 **Prieur**. Tableaux de la Révolution française, par Duplessis Bertaux, 17 p. avant la lettre, toute marge. Rares.

113 — Estampes de la même collection. Suite de 36 p. (n°s 1 à 36), très belles ép., toute marge.

114 — Sujets du même ouvrage. 52 p.

115 **Prudhon** (D'après). Le Zéphir, par Laugier. Très belle ép. avant la lettre, toute marge.

116 — La Vengeance de Cérès, par Copia. Très belle ép. avant la lettre, les noms des artistes à la pointe, toute marge.

117 — La Justice et la Vengeance divines poursuivant le Crime, par Marin Lavigne. Très belle ép. sur chine.

118 **Purcell** (R.). Georges III, roi d'Angleterre, d'après Frye, Très belle ép.

119 **Reynolds** (J.). Jeune Fille tenant un chien, par Gio Marchi. — Jeune Garçon allant à la chasse, par Watson. 2 p. très belles ép. avant la lettre.

120 **Reynolds** (S.-W.). Le Général Andréossy, en pied, d'après J.-R. Smith. Très belle ép.

121 **Richomme** (J.-T.). Adam et Eve, d'après Raphaël. Très belle ép., toute marge.

122 — Neptune et Amphitrite, d'après Jules Romain. Très belle ép., toute marge.

123 **Robillard** (H.). Ducornet, peintre né sans bras. Très belle ép. sur chine.

124 **Robinson** (H.). Lablache. — W. Farren, d'après Carrick. 2 p., très belles ép.

125 **Roger** (B.). Louis XIV et ses principaux ministres. — 1 vol. in-4 cart., contenant six portraits.

126 **Ruotte**. Napoléon - le - Grand. — Marie-Louise, d'après Robert Lefèvre. 2 p., belles ép.

127 — Les mêmes portraits. 2 très belles ép. avant la lettre.

128 — Eugène de Beauharnais, vice-roi d'Italie, d'après Chinard. 3 ép. dont une avant la lettre et une autre en couleur.

129 — Jérôme Napoléon, roi de Westphalie, d'après Kinson. 3 ép. dont une avant la lettre et une en couleur.

130 — Le Prince Joachim Murat, roi de Naples, d'après Gros. 3 ép. dont une avant la lettre et une autre en couleur.

131 **Schenck** (P.). Princesses de la Maison d'Autriche. 5 p., très belles ép.

132 — Souverains et Personnages célèbres anglais et allemands. 17 p.

133 **Simon**. Napoléon à cheval, d'après Carle Vernet. 2 ép. dont une à l'eau-forte pure.

134 **Simon** (J.). Thomas Parker. — Le duc de Chandos. — Gomes da Silva. 3 p., belles ép.

135 **Skelton** (J.). Le Château d'Eu, illustré. 4 p. in-fol.

136 **Smith** (J.). Son Portrait gravé par lui-même, d'après Kneller. Très belle ép.

137 — Charles XII, roi de Suède, d'après Craft. Très belle ép., marge.

138 — Georges, prince de Galles. — Wilhelmine-Charlotte, princesse de Galles. — La princesse Anne, leur fille aînée. 4 p., très belles ép.

139 **Smith** (J.). George, prince de Danemarck. — Le comte d'Exeter. — Le duc de Glocester, d'après Kneller. 4 p., belles ép.

140 — M. et Mme Gibbons, d'après Kneller et Closterman. 2 p., très belles ép.

141 — Constantia Hare, en pied, d'après Werhelst. Belle ép.

142 — G. Kneller. — Thomas Murray. — G. Schalken, peintres. 3 p., très belles ép.

143 — Jean Locke, d'après Kneller. — André Le Nôtre, d'après Carle Maratte. 2 p., très belles ép.

144 — La comtesse de Salisbury, d'après Kneller. Très belle ép.

145 — Tho. Tampion, automatopœus, d'après Kneller. 2 p., belles ép.

146 — Le comte d'Albermale, lord Bury, Fr. Cornaro, A. de Fusignano, J. Kettlewell, Charles Mountague. 6 p.

147 **Smith** (J.-R.). Lady Stanhope, d'après Joshua Reynods. Belle ép. pliée.

148 **Stadler**. La Madeleine, d'après le Corrège. Très belle ép., toute marge.

149 **Strange** (Rob.). Henriette de France, reine d'Angleterre avec ses enfants, d'après Van Dyck. Très belle ép.

150 **Sudré** (P.). Le comte de Rambuteau, d'après Henry Scheffer. 2 ép. sur chine, dont une avant la lettre.

151 **Tardieu** (Alex.). Marie-Antoinette, reine de France, en Vestale, d'après Dumont. Très belle ép. avant la lettre, toute marge.

152 — Le même Portrait. Très belle ép., toute marge.

153 **Tassaërt** (J.-J.). Bonaparte, général en chef de l'Armée d'Italie, d'après Hennequin. Belle ép., toute marge.

154 **Thévenin** (J.-C.). Portrait de Rossini, d'après Ary
Scheffer. Très belle ép. avant toutes lettres, signée.

155 **Toudouze** (G.). Souvenirs de Voyage. 14 p. gravées à l'eau-forte.

156 **Trimolet**. Vues de Paris, gravées à l'eau-forte.
19 p. en grande partie avant la lettre.

157 — Anciennes Barrières de Paris. 6 p. sur papier
de Chine.

158 — Grandes Vues de Paris et Sujets divers. 15 p. —

159 **Valck, Smith**, etc. Portrait de Marie, reine d'Angleterre. 7 p. belles ép.

160 **Verkolje**. Guillaume III, roi de la Grande-Bre-
tagne, gr. in-fol. Belle ép., marges.

161 **Vernet** (d'ap. H.). Mazeppa, par Jules Collignon.
Très belle ép.

162 **Villot** (Fr.). Portrait de Eugène Delacroix. — R. P.
Bonnington. 2 p., épreuves d'artiste.

163 — Sujets, d'après Eug. Delacroix, Murillo, etc. 4 p.,
épreuves d'artiste.

164 **Watson** (J). David Garrick. — O'Brien. — George
Bridges Rodney, admiral of the Withe. — Le comte
de Guerchy. 4 p., belles ép.

165 **White** (G.). Jean-Baptiste Monnoyer, peintre de
fleurs. Très belle ép.

166 **Young** (J.). Jacques Delille, d'après Monnier, in-
fol. 3 ép., toute marge.

167 **Gravures diverses**. Sujets religieux anciens.
22 p.

168 — Sujets religieux, d'après Raphaël, Léonard de
Vinci, Le Guide, Murillo, Le Dominiquin, etc. 51 p.,
plusieurs avant la lettre.

169 — De petit format. 36 p. presque toutes avant la
lettre.

170 — Sujets mythologiques d'après les grands maîtres,
in-fol. 25 p., dont plusieurs avant la lettre.

194 **Portraits de Napoléon I**er. Statues, mé- — *5 fr*
dailles. 61 p.

195 — Napoléon, Joséphine, le roi de Rome, in-fol. — *16*
34 p.

196 — Le Roi de Rome, Eug. de Beauharnais, Napo- — *8*
léon III, 113 p.

197 — Marie-Louise, portraits gravés et lithogr. in-fol. — *13*
17 p.

198 — Joséphine, Marie-Louise, Létitia Bonaparte, la — *25*
reine Hortense, etc. 98 p.

199 — Jérôme, Joseph, Louis et Lucien Bonaparte, Eugène — *9*
de Beauharnais, la reine Hortense, etc. 41 p. in-fol.

200 — Les frères de Napoléon Ier, le prince Murat, etc. — *19*
100 p.

201 — Napoléon III et sa famille. 40 p. — *1*

202 **Portraits divers.** Souverains. Louis XVI s'oc- — *8 fr*
cupant de l'éducation de son fils dans la Tour du
Temple, Louis XVIII et Charles X, en pied, Louis-
Philippe et sa famille, etc. 21 p., grand in-fol.

203 — Souverains anglais, allemands, autrichiens, espa- *5*
gnols, grand in-fol. 36 p.

204 — Princes et princesses étrangers. Membres du — *14*
Gouvernement de 1848. Affaire Bréa, etc. 39 p.,
grand in-fol.

205 — Généraux, grand in-fol. 29 p. *8 fr*

206 — Généraux et amiraux de l'armée de Crimée. 38 p. — *3 fr*
lithog.

207 — Les Papes Pie VII, Pie VIII et Pie IX, par — *1*
Bourgeois, Girodet, Aubert, etc. 8 p., gr. in-fol.,
avant et avec la lettre.

208 — Evêques, prêtres, religieux, gravés et lithog., — *12*
gr. in-fol. 24 p.

209 — Littérateurs, savants, médecins, gr. in-fol. 16 p. — *4 fr*

210 — Peintres, sculpteurs, hommes d'Etat, gr. in-fol. — *14*
22 p.

211 **Portraits divers**. Musiciens, gr. in-fol. 6 p.

212 — Femmes célèbres, études gr. in-fol. 13 p.

213 — Acteurs et actrices, gravés et lithog., grand in-fol. 27 p.

214 — Artistes et autres, gravés et lithog. 15 p. in-fol.

215 — Portraits de Raphaël, La Fornarine, Marc Antoine, le Titien, Rembrandt, le Tintoret, etc. 19 p. in-fol., plusieurs avant la lettre.

216 — Portraits gravés à l'aquatinte par Cooper, Dickinson, Earlom, Marchi, W. Pether, Valck, Williams, etc. 10 p., très belles ép.

217 — Par Faber, Haid, Purcell, Ryley, Ward, Watson, etc. 22 p.

218 — De femmes, gravés à l'aquatinte par Dickinson, Smith, Valck, Watson, etc. 13 p.

219 — Personnages français gravés à l'aquatinte. 9 p.

220 — Personnages célèbres anglais et allemands du commencement du XIXᵉ siècle. 11 p. in-fol.

221 — Divers gravés à l'aquatinte. 25 p.

222 — Portraits tirés de l'Histoire de l'expédition d'Egypte, in-8. 156 p.

223 — Anciens, gr. in-fol. 8 p.

224 — Divers, gr. in-fol, 42 p.

225 — Quinze portefeuilles, dont sept de grand format, en très bonne condition.

Vᵛᵉ Renou et Maulde, imprimeurs de la Compagnie des Commissaires-Priseurs, rue de Rivoli, 144.　400—70596

PORTRAITS
Gravés par P.-A. Varin et Autres
POUR ILLUSTRER
LES GRAVEURS DU XVIIIᵉ SIÈCLE
ESTAMPES, PORTRAITS, VIGNETTES
PAR
M. le baron R. PORTALIS et M. H. BERALDI
Publiés par MM. MORGAND et FATOUT

1ᵉʳ VOLUME	2ᵉ VOLUME
* Anselin.	Eisen.
* Balechou.	Fragonard
* Bartolozzi.	Gaucher.
Boucher.	Gillot.
* Cars.	Gravelot.
* Chedel.	Greuze.
—	—
* Chodowiecki.	* Hogarth.
Choffard.	* Janinet.
Cochin.	* Lalive de Jully.
Debucourt.	Launay (N. De).
* Denon.	Lecomte (Marg.).
* Desrochers.	* Longueil (De).

3ᵉ VOLUME

Marcenay (De).	Saint-Aubin (Aug. de).
Miger.	Saint-Non (Abbé de).
Moreau le jeune.	* Schmidt (G.-F.).
* Ponce.	Watteau.
Prudhon.	Watelet.
Regnault.	Wille.

Les 15 Portraits avec * gravés spécialement pour cette suite, ne
se vendent qu'ensemble avant la lettre, ou lettre grise.

Bistre ou Noir, **30** fr. ; sur Chine, **37** fr. **50**.

En Bistre ou en Noir, chaque........... **1** »
Sur Chine............................. **1 25**

Chez VIGNÈRES, éditeur, 21, rue de la Monnaie

Vᵉ Renou et Maulde. imprˢ de la Cⁱᵉ des Commissaires-Priseurs,
rue de Rivoli, 144.   400—70596

www.ingramcontent.com/pod-product-compliance
Lightning Source LLC
LaVergne TN
LVHW051140060726
842526LV00006B/2149